TABLEAU

ATTRIBUÉ A MEMLING

REPRÉSENTANT

L'HISTOIRE DE TROIE

DEPUIS SA FONDATION JUSQU'A SA RUINE

PARIS — 1869

NOTICE

D'UN

TABLEAU PEINT SUR BOIS

ATTRIBUÉ A MEMLING

REPRÉSENTANT

L'HISTOIRE DE TROIE

DEPUIS SA FONDATION JUSQU'A SA RUINE

Dont la vente aux enchères publiques aura lieu

HOTEL DROUOT, SALLE N° 4

Le Samedi 20 Mars 1869

A TROIS HEURES ET DEMIE

Par le ministère de M⁰ **CHARLES PILLET**, Commissaire-Priseur,
rue Grange-Batelière, 10,

Assisté de **M. CLÉMENT**, marchand d'Estampes de la Bibliothèque impériale,
rue des Saints-Pères, 3,

Chez lesquels se trouve la présente Notice.

EXPOSITION PARTICULIÈRE : chez **M. PETIT**, Expert, rue Saint-Georges, 7,
Les Mardi 16, Mercredi 17 et Jeudi 18 Mars 1869.

EXPOSITION PUBLIQUE

Hôtel Drouot, le Vendredi 19 mars 1869 de une heure à cinq heures.

CONDITIONS DE LA VENTE

Elle sera faite au comptant.

Les adjudicataires payeront, en sus des enchères, *cinq pour cent*, applicables aux frais.

Paris. — Imprimerie A. Pillet fils aîné, rue des Grands-Augustins, 5

Le tableau que nous offrons en vente est une Iliade en peinture , dont l'auteur des vers latins qu'on lit sur une pancarte placée dans le haut, célèbre ainsi l'Homère par son premier distique.

Il est difficile, en effet, de se faire une idée de la finesse d'exécution avec laquelle sont traités les divers épisodes de cette immense composition, comparable à celles des plus précieux manuscrits de chevalerie des xv\ :sup:e et xvi\ :sup:e siècles. Aussi est-ce à un des meilleurs peintres des écoles du nord qu'il faut, selon nous, l'attribuer.

Bien que le tableau soit flamand, il est peint sur panneau italien, et non sur chêne, avec apprêt épais, *al gesso*, sur une toile appliquée après le bois lui-même (1), mode d'impression employé par beaucoup de peintres en Italie jusqu'au xvi\ :sup:e siècle. La plupart des biographes de Memling placent sa mort vers la fin de 1495 ; mais l'auteur du texte de la châsse de sainte Ursule illustrée par Manche, imprimée en lithographie par Dagobert et Ghemor, à Bruxelles, ouvrage in-folio, publié à Bruges, par J. Buffa et Rogaert Dumortier, le fait mourir vers 1507 en Espagne, où il serait allé à la suite de l'archiduc Philippe le Beau, père de Charles Quint ; voici comme il s'exprime : « Enfin

---

[1] Ce dont on peut s'assurer par un endroit où la peinture es écaillée ; on peut aussi voir que celle-ci est à *tempera* ou à l'eau d'œuf.

« il termina probablement en Espagne sa laborieuse carrière après l'avoir illus-
« trée pendant un demi-siècle. » Toujours selon le même biographe, Memling aurait exécuté plus de quatre-vingts tableaux, sans compter ceux de petites dimensions, ou des peintures sur parchemin pour illustrer des livres. Voici comme cet
auteur établit le témoignage du voyage de Memling en Espagne et des travaux
qu'il y aurait exécutés : « Un certain Alonzo Gonzales, secrétaire du roi (d'Espagne) et membre de l'Académie de Juan Fernando, dans l'histoire de son voyage
en Espagne, imprimée en 18 vol. en 1776, raconte « qu'en visitant le couvent
« de Miraflores, près Burgos, il remarqua au fond du chœur de l'église plu-
« sieurs tableaux peints sur bois, dans le style ancien, dont la merveilleuse
« finesse d'exécution l'étonna, et surtout la fraîcheur ; il eut la curiosité de
« fouiller les archives du couvent, et il y trouva qu'un peintre du nom de Juan
« Flamenco, Jean le Flamand, commença ces peintures en 1496 et les finit en
« 1499, et qu'on lui paya, pour ce travail, la somme de 26,735 maravedis, outre
« les panneaux que le couvent lui avait fournis. Le biographe de la Châsse de
sainte Ursule ajoute que Jean le Flamand ne peut être que Memling, aucun
peintre flamand de cette époque, autre que lui, ne s'étant appelé Jean ou Hans ; il
ajoute qu'à la suite des révolutions et des guerres du commencement du siècle en
Espagne, les archives de ce couvent furent brûlées par les Français, et que probablement les ouvrages en question ont été enlevés, et précisément, il existe au
Musée d'Anvers un triptyque de Memling avec la date de 1499. Les cendres
de Memling, c'est toujours le même auteur qui parle, reposent probablement
à côté de celles des moines du couvent, dans le cimetière du cloître. Les édi-
teurs de la Châsse de sainte Ursule illustrée donnent en tête un portrait de
Memling peint par lui-même, tiré du tableau de l'Adoration des mages à l'hô-
pital de Bruges. L'artiste se serait représenté lui-même sous les traits d'un
des personnages. A côté, sur la même planche, ils ont placé le monogramme
MG entrelacés, conforme à celui qui se trouve sur la pancarte de notre tableau.
D'après ce document qu'on peut considérer comme authentique, à moins
d'admettre deux Memling, ou deux peintres du même talent et de la même
époque, il faut en conclure que l'auteur de la Châsse de sainte Ursule vivait
toujours dans les dix premières années du xvie siècle, et peut-être plus tard
encore.

Nous n'abuserons pas plus longtemps de la patience de nos lecteurs ; nous
exprimerons toutefois, en finissant, le regret légitime que l'histoire des hommes
célèbres, surtout celle des artistes, soit presque toujours si pleine d'obscurité ;

leur existence, en effet, s'étant passée en grande partie parmi celle des autres hommes qui, en général, naissent, vivent, et meurent sans avoir laissé sur cette terre aucune trace de leur passage ; mais il faut aussi se féliciter lorsqu'un monument nouveau surgit et peut éclairer des questions si intéressantes ; car, quelle que soit, depuis longtemps sur elles, la différence des opinions, un jour ou l'autre de leur choc doit jaillir la lumière.

Voici la traduction, distique par distique, des huit vers latins, que nous donnons en tête de la description du tableau, et que nous devons à l'obligeance de M. A. Denis, professeur d'humanités au lycée Saint-Louis.

« Ce tableau peint par un autre Zeuxis vous représente, lecteur, les murailles en ruine des fils de Dardanus.

« C'est la perfidie des Grecs qui les a ainsi renversées ; c'est le feu, le fer, ou les surprises d'énergiques soldats.

« Qui t'a réduite, ville si puissante, à n'être plus qu'une cendre légère ? C'est une Lacédémonienne, c'est la fille de Tindare et son amour illégitime pour Pâris.

« Ceci vous apprend combien la destinée humaine est périssable, combien la face du monde est trompeuse.

DESCRIPTION DU TABLEAU

HANS MEMLING (attribué à)

PEIGNAIT A BRUGES DÈS 1477

Histoire de Troie.

Peint sur bois. Haut., 1 mèt.; larg., 1 mèt. 50 cent.

En haut, à gauche, l'inscription suivante en lettres noires sur fond d'or.

CONSPICIS HAC PICTA ZEVSIDIS ARTE TABELLA,
LECTOR, DARDANIDVM MŒNIA QVASSA VIRVM.
FRAVDE VIRIS DANAIS QVA PRECIPITATA VEL—IGNE,
FERRO—VEL VALIDI MILITIS INSIDIIS.
IN CINERES CVR VERSA LEVEIS, VRBS TANTA, LACENÆ
TINDARIS ILLICITVS PARIDE FECIT AMOR.
EX HOC EVENTVS HOMINVM RESCIRE CADVCOS
IAM POTES ES MVNDI FALLIBILEM QVE STATVM.
IDXXXX

Sur une vaste étendue de sites montueux entrecoupés de vallées boisées et dans les sinuosités desquelles la mer pénètre, sont représentés les différents épisodes de l'histoire de Troie, depuis sa fondation jusqu'à sa ruine, par une quantité considérable de petits sujets divers et disposés çà et là sur la surface du tableau. Les figures, en commençant par le bas, vont toujours en diminuant de grandeur jusqu'en haut. Les premières mesurent quinze centimètres et les dernières n'ont qu'un centimètre de hauteur et, malgré leur dimension microscopique, on peut encore, à l'aide de la loupe, en distinguer les détails.

Tout le registre (rang) d'en bas est occupé par l'histoire de Pâris : au centre, le sujet principal, Pâris, en chevalier de l'époque de Maximilien, endormi près d'une fontaine, la tête appuyée sur les genoux de Mercure en armure fantastique ; devant eux, les trois déesses vêtues seulement de voiles très-transparents, laissant apercevoir leurs charmes les plus secrets ; à leurs pieds, l'Amour, les yeux bandés, essayant du doigt la pointe d'une flèche ; un peu en arrière, le cheval de Pâris attaché à un arbre ; de l'autre côté, Hercule en chevalier du commencement du XVIᵉ siècle ; un écuyer à pied conduit son cheval par la bride, et Pâris, sa houlette sur l'épaule, marche derrière lui : un peu plus à gauche, Vénus en costume élégant conduit Pâris par la main. Tout à fait à gauche du spectateur, l'enfance de Pâris : deux soldats sont sur le point de le tuer, mais ils se décident à l'abandonner à un pâtre, qui le fait allaiter par une brebis. Les deux soldats en tuent à sa place une autre dans le sang de laquelle ils trempent ses langes, pour faire croire à leur maître qu'ils se sont acquittés de leur cruelle mission. A droite du groupe central, Pâris mène des bestiaux ; au passage d'un ruisseau, il fait la rencontre de la bergère Œnone prête à passer un pont, puis on le voit, celle-ci debout derrière lui, graver sur l'écorce d'un arbre le serment d'amour éternel ; tout à fait dans le coin du tableau et à moitié cachés par le feuillage, Pâris et Œnone en conversation amoureuse.

Passant au second registre, vers le centre, au-dessus du groupe des trois déesses, rencontre d'Hector et de Pâris, sans se connaître, dans un lieu retiré ; ils se livrent un combat singulier, le berger arrivé les séparer en leur apprenant qu'ils sont frères ; à gauche, dans un bosquet, Achille et Deidamie. Pâris se présente à la table des dieux avec une suite nombreuse et des serviteurs ; l'un d'eux porte une coupe en orfévrerie, il est reçu et introduit par son frère. Au-dessus, dans un grand bosquet, le repas des dieux et des déesses auquel ont été conviés les rois de la Grèce et de l'Asie. Ils sont représentés dans les costumes les plus élégants et les plus riches des XVᵉ et XVIᵉ siècles ; debout derrière eux, une foule d'assistants ; en avant de la table principale, une autre table de service sur laquelle est étalée la vaisselle d'orfévrerie. La Discorde, qui s'est furtivement introduite et cachée des convives par un buisson, se baisse et jette la pomme. Pélée la ramasse et la présente à Jupiter. Dispute des trois déesses ; un peu à gauche et derrière un taillis d'arbres, Junon, Vénus et Minerve, déshabillées, se montrent à Pâris. En pendant à droite, toujours du spectateur, grande mêlée de Grecs et de Troyens, dont les héros ont leurs noms inscrits au-dessus de leur tête ; du côté des Grecs, un géant, dépassant de la moitié du corps les combattants, frappe autour de lui avec un tronc d'arbre, mais Hector, vainqueur de trois rois, va rester maître du champ de bataille, quand Palamède arrive avec un renfort, rallie les Grecs et rétablit le combat. Au-dessous, rencontre d'Hector et de Pélée (1) en champ clos, en présence de tous les chefs et de gens du pays accourus ; des enfants grimpés sur un arbre regardent le combat. Hector est renversé, et, un peu plus à droite, terrassé sous Achille, il reçoit le coup de merci.

Au troisième registre, tout à fait à gauche, dans un lieu isolé, Jason en armure de chevalier du xv° siècle (dont les souliers d'armes sont à la poulaine), fait la conquête de la Toison d'or (2). Enfin la ville et les murailles de Troie ; à gauche, Priam à cheval, suivi de la population, sort par une porte de la ville et se dirige vers le port ; des vaisseaux chargés de guerriers et de femmes élégamment habillées sont prêts à mettre à la voile.

Les Grecs ont pénétré au moyen du stratagème du cheval de bois dans la ville ; ils en sortent et promènent l'incendie dans la cité endormie ; quelques-uns vont ouvrir une porte par laquelle s'introduit le gros des Grecs, tandis que par des portes éloignées les Troyens fuient, mais des guerriers les poursuivent, les arrêtent ; les uns sont égorgés, d'autres empalés et attachés au gibet. A droite, tout à fait sur les derniers plans, Pyrrhus attaque l'armée des Amazones accourue trop tard au secours des Troyens, et tue leur reine.

Il nous faut renoncer à décrire la multitude de détails et d'épisodes partiels de cette véritable épopée en peinture. Nous allons donner, à peu près dans l'ordre où elles se trouvent sur le tableau, les principales inscriptions en capitales romaines, et dans un dialecte allemand, probablement celui parlé dans les Pays-Bas au xv° et au xvi° siècle, ainsi que la traduction qui, du reste, a été fort difficile ; aussi ne la donnons-nous que sous réserves.

Au premier registre : **ALS · VENVS—PARISEN HAIM—FIERT · VND · IN KOSTLICH—KLAIT.** Comment Vénus emmène Pâris et en robe magnifique ; **EGENOE · AIN GETIN.** Œnone, une déesse. Au second registre (3) : **COLIA**

---

(1) Achille est désigné par le nom de son père.

(2) Cet épisode est placé là en dehors de l'histoire de Troie, nous nous rendons difficilement compte de celle qui suit, c'est-à-dire de l'embarquement, peut-être a-t-il trait au voyage des Argonautes.

(3) Colianus serait ici pour Hector.

NVS DAS PARIS PRVDER. Colianus, frère de Pâris, ALS NECTOR MIT VITAVSENT . KAM VND ERSCHLVG · III KINIG. Comment Hector vint avec six mille et battit trois rois. PALAMIDES · AIN KINIG · VON · KRIECHN BRCHT III TAVSET VND — PRACHT · DIE KRIE-CHEN — WIDER · ZVSAMEN. Palamède, un roi des Grecs, avec trois mille, rassemble de nouveau (rallie) les Grecs. ALS HECTOR · VN PELIVS · VMB · PARIS — AIN · KAMPFF · TRAFF VND . HECTO PELIVM DEN IVNGEN KINIC DEN BRITIGANG · ERSTOCHEN · HABEN WOLT · VON · WEGE DER WEIBER BIT · BLIB ER LEBEN. Comment Hector et Pélée se battirent en combat singulier pour Paris et qu'Hector eut été percé par Pélée. Le jeune roi, le fiancé, à cause des femmes resta en vie. PIRVS · AIN · KINIG · STRIT · MIT · PANTACILIA · DIE · WAS · AIN · KINIGIN. Pyrrhus, un roi, se bat avec Pantasilée qui était une reine.

Au Musée de Turin sous le n° 318 du Catalogue existe, peint par Memling (1), un second tableau de ce genre, c'est-à-dire à *tiroirs*, représentant en très-petites dimensions, tous les épisodes de la Passion du Christ, les personnages y portent les costumes de l'époque du peintre; les édifices de Jérusalem sont dans le style d'architecture de la *Renaissance;* ainsi, le grand portique qui conduit au prétoire est en plein cintre accompagné de chaque côté de deux acrotères supportants des statues antiques. D'autres monuments sont surmontés de dômes ou coupoles, et il n'y existe aucun vestige du style ogival du xv° siècle, que l'artiste, au contraire, a employé dans la Châsse de sainte Ursule, exécutée par Memling, selon nous, vingt-cinq ans au moins avant, c'est-à-dire vers 1477, et par ce témoignage, selon nous, irréfragable, il est peint dans les premières années du xvi° siècle, si surtout on tient compte que les artistes du Nord ont été les derniers à adopter le style de la renaissance. Si nous joignons à ce document, celui fourni par le beau Memling du Musée de Rouen, où les têtes des deux femmes qui sont à droite du tableau, ont la coiffe si connue avec laquelle Anne de Bretagne est représentée dans ses heures, et qui plus tard a généralement été portée jusqu'à Catherine de Médicis (2); il faut en conclure que Memling travaillait encore dans le xvi° siècle. Enfin, nous citerons le délicieux milieu de triptyque. dans la collection si connue et si appréciée des gens de goût, de M. Gatteaux, graveur en médaille, et membre de l'Institut, dans lequel la femme agenouillée à droite de la Vierge, et sans doute

(1) Bien que ne portant aucune date ni marque, ce tableau est considéré comme authentique.

(2) Voir le diptique en émail de Limoges au Musée du Louvre, dit diptyque de Henri II et de Catherine de Médicis, peint par Léonard Limousin.

la donatrice, offre, quant aux traits du visage vu de profil, une ressemblance identique avec la tête de la Discorde dans notre tableau.

Nous nous abstiendrons toutefois de tirer des conclusions rigoureuses, mais nous ne craignons pas de dire en terminant, qu'on trouvera un jour un document authentique qui attestera que Memling est mort dans le XVIe siècle, autrement la plupart des œuvres qui lui sont attribuées ne pourraient être de lui, et espérons que le profond mystère, qui règne encore aujourd'hui et sur sa vie artistique et sur sa vie privée, sera enfin pénétré.

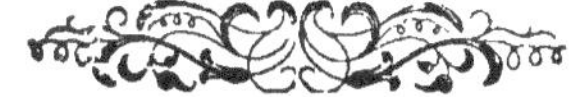

www.ingramcontent.com/pod-product-compliance
Lightning Source LLC
LaVergne TN
LVHW010923180726
843502LV00010B/4283